Surun lyömät

**"Rakkaus on muuttumaton elementti
Olomuoto, joka ei ole veteen piirretty viiva"**

**"Henkilökohtaiset hiljaiset sanat, eivät herätä
mielikuvia   liikaa"**

"Ora nyt tutto kaikki" -runoja

aforismit (c) miramink

Mira Mink

Surun lyömät

Runoja

Etukansikuva: **Mira, Mink**
Taitto: **Mira Mink**

Kustantaja: BoD™ – *Books on Demand, Helsinki, Suomi*
Valmistaja: Books on Demand GmbH, Norderstedt, Saksa
ISBN: **978-951-568-434-9**

Sateenkaari

RENESSANSSIA JA RAKKAUTTA

Hän etsii kadotettua sydäntä,
menneisyydestä,
kantaa taakkaansa,
sydämen syvyyksissä,
iso aukko huutaa täyttymystä,
hellii ajatusta, pehmeistä muodoista.

2016

SATEENKAARI

Sateen ja auringon kohdatessa
olin surullisen kaunis sydän.
itkin,
sieluni oli myyty pervoudelle,
ja jotkut sitä pihtasivat.

Olin pisara,
osuessani ikkunaan,
muodostin kuvion,
jäähileen tai rakeen.

Juhannuksena olin kukka hänen parrassaan,
vielä rakastin sinua.
Olin unohtanut itseni.

Syyskuu 2016

PURETUT TUNTEET

Osiin ja paloihin, vihattuihin mielikuviin,
sukellan joka minuutti ja sekunti.
Joka hetki teen itsemurhan,
eristäydyn ja yksinäistyn,

kukaan ei löydä silti minua koskaan tai anasta
vapauttani,
sulje minua luostariin,
lukitse minua omiin käsirautoihini,
timantit ikuisia, vihlovat lasisia huoneitani.

Huoneessa olen yksin,
tuuli vinkuu käytävällä.

elokuu 2017

PAINAJAISMAINEN SUHDERIITA

Revit minut riekaleiksi terävillä torahampaillasi,
vahdit jokaista liikettäni,
Siniset silmäsi heijastavat pahuutta.

Pakenen, nyyhkytän lattian kolossa.
Itken. Huutosi jatkuu.

Naurat minulle ja pilkkaat.
Olen tehnyt pahaa.

Seisot puhelin kädessäsi, näytät typerältä.
Pudistan päätäni. Heitän sinut ulos.

Ivallinen naurusi kaikuu käytävästä, oven läpi.
Saatana rapussa.

Huokaan helpotuksesta. Nyt parisuhde loppuu!
Saan olla ja ajatella.
Kukaan ei kyttää käsikirjoitettuja miessuhteitani.

heinäkuu 2017

VADELMAMEHUJÄÄ

Vene häviää suon utuun.
Missä veneessä olen?
Vain minä tiedän,
nuuhkin tuoksuasi.
Anna minun lämmittää.

Huuleni ovat kylmät,
niin poskenikin,
maistuvat mehujäältä,
makealta ja turruttavalta,
sokeria päällä.

elokuu 2017

RUNON PITÄÄ KUOLLA

Unelmat elävät ja nousevat uuteen loistoonsa,
uudistuvat ajattomasti kuten elävät oliot.

Metsästän niitä.

Sudet läähättävät perässäni.

2016

NIIN LÄHELLÄ

Yritin liikaa,
upposin suohon,
päädyin lämpimiin tunteisiin
ja kuumiin väreisiin.

Hyppäsin yli tunnepalon,
ohitin taivaan.
Kuka pystyy siihen?
Otin sinusta kiinni,
tartuin ja liidin.

Rakas,
näin sinut,
leijuin tähtiparvissa,
kuiden taakse.

Tarujen siivittämänä,
juoksin pakoon.
Lähelläni olit.

2016

MIES JA KOIRA

Mies ja koira pellon reunalla,
hyisten pilvien täyttämä taulu,
kierryn kaulaasi.

Routainen joutomaa,
tunne kuin salama.
Onko siellä rakkautta?
Niin, on, uskon.
Harmaa ilma iskee silmää.

Metsästän sängyssäni uniani
ja uskon vapautuvani kiven voimasta.

2016

RITARIRAKKAUS

Odotan kosintaa; samettitakkeihin pukeutuneita
ritareita jonossa,
uljaita pihaan karauttavia ratsukoita ja
käsisuudelmia.

Avaan palmikoitani,
ja peilaan.
Pari tippaa Bella Donnaa kaunistamaan silmiäni,
koristan kukilla kiharapilveä.

Punastunko?

2016

KERMANVIILEÄ

Saatan nähdä sen yön,
olen kadoksissa, mustankipeänä,
ei missään päätä eikä häntää.
Odotan yhä.

Humallun ja katson silmiisi,
mustikantummiin.
Näen itkuiset riidat.
Kuulen oudot äänet.
Haluan pudota kylmänviileästä kyydistäsi.

2016

MINÄ JA SINÄ

On sykkää ja pimeää.
Astelen sammaleista polkua. Pidän tiukasti kädestäsi
kiinni.
Humallun sinusta,
vaikka suuret metsäpuut varjostavat aurinkoani.

Kasvosi ovat kauniit.
Hyytävässä kylmyydessä, kytee palon tynkä.
Kaikki kääntyy väärinpäin.
Jännitys katseissa, käsissäsi ja patjojen tahroissa.

syyskuu 2017

MINÄ JA ALKOHOLISOITUNEET MIEHET

Mahla virtaa laseihin.
Ah! tuntuu hyvältä.
Tunne sisälläni, kuin kuutamolla,
ettei hän lähtisi Timbuktuun!
On kuuma, aamu tulee.
Odotan ilotta kuohua.

Katselen lampea.
Koira ui. Märkä turkki haisee.

Hän nukkuu vieressäni tatuoitu yläruumis paljaana.
Tuhisee, katson ritarinkiharoiden kehystämiä kasvoja.
Syön nuudelikeittoa, ryystän lientä, koska välttelen
hiilihydraatteja.
Taivas on sininen, valkoinen kuu paistaa.
On illansuu. Luulen, että on taas sunnuntai.
Muistikatko, nythän on keskiviikko. Huomenna töitä!

2016

PINTAKUMUA

Pintasumussa kaikuu, tartun siipeesi kovassa
vauhdissa,
etten putoa reunan yli, mistä ei ole paluulentoa.
Tapaan elämäni naisen, tunnen ja koen.
Testaan ja ratkon yhtälöitäni.

On uusi yö, ja turha keikka.
Kävelen, ajattelen murhia mielessäni,
hirveä työ.
Kuun kivellä valat vannotaan,
auringon lämmittämä rakkauteni säteilee,
syö energiaani.

Nakerran pullapalasia ja pizzan reunoja,
joissa on voinokareita päällä.
Herkkutäytteenä kermavaahto, haukkaan hilloa.

Arkkuni pehmeällä puolella lepää kullitettuja jalokiviä.
Metallikuoren alta löydän maailman komeimman väri-
ilmiön,
kaunis kuin kukka.

Lopetan ja aloitan. En kirjoita tarinaa paremmaksi.
Mykkäkoulu tarttuu minuun. Tauti syövyttää.
Näen silkinpehmeitä kettujen turkkeja.

2017

RAKKAUS ON HULLUUDEN JATKUMO

Löysin hulluuden jatkumon, rakkauden.
Ihastun rakastun vihastun
Oon ok Pidän kädestäsi kii
Halailen Punastelen Pussailen

Tunnen läheisyytesi. Intiimi oloni on suloista.
Rakastelen Nain Panen

Herään, silitän vartaloasi.
Keinun epävarmuuden aallokossa.
Hukun siihen kuin mereen.
Hehkun pohjalla.

lokakuu 2016

RAKAS AAVE

Rakkauden aaveet,
muistin riivaamia,
pölyn ja tomun peitto,
sakea tunneryöppy.

2016

AURINKOPELLOSSA RAKASTAN SUA

Venaan aina seuraavaa olotilaa,
jossa voin kellua,
pikkuhousutta kieriä lakanoillesi,
kietoutua alasti vartalosi ympärille,
olen niin kuin en olisikaan,
sikinsokin kaikin ajatuksin ja jäsenin.

2016

SUUDELMA

Oot kuin kaminan tuli.
Ritiset ja humiset.
Mä halkotyttösi,
jota haluat.
Oo, nyt roihuaa,
kun kosket.

Välillä tulee ukonilma.
Oot se.

Taivas mustuu ja jännittyy salamoista,
viekotteleva luonnonvoima.
Jyriset ja tunnen,
kun maailma muuttuu.
En pelkää.
Oo, suutelet suutani.

Kuuntelen hengitystäsi,
vieressäni kuumana,
aamulla uneksin sinusta.
Oo, suudelma suutani vasten.

marraskuu 2016

SUU ON MEHUJÄÄ

Suuni on lipsii,
olen erehtynyt.
U cannot think.
Miten ihanaa!
Loputon piste vainoaa.
Filologiaako?
En taida onnistua,
ihoni ruvella ja äärirajoilla.

2016

KERTAALLEEN KÄYTETTY

Tulen sun luo,
varjoni koskee kasvojasi,
soitan sinulle kylmän puhelun,
jota et unohda.

Ei jännitettä tai jännitystä,
koska tyttöni rakastaa,
rakastan elää, en muuta,
kaukaa haettua.

Olen vailla rakkautta,
hellyys sydämessäni.

Tulen luoksesi,
varjoista, soitan puheluni.

marraskuu 2016

TUHKAKUPPI

Tuhka.
Tunteeni ovat haalentuneet.
En kuule sadetta.

Kyllä kuulen,
juon pisaroita.
Tuhrin naamani,
syötäväksi kelpaamatonta.
Syön, makaan ja tukehdun tunteisiin.

Yritän nousta, leijun ja imaisen savut keuhkoihini.
Puhallan henkosen suuhusi, suudellen.
Vihdoin nousen ja menen keittiöön.
Laitan liesituulettimen päälle.

syyskuu 2017

OI KELMEÄ KUU

Kylmän taivaankappaleen kelmeä katse,
kuu kuu kuu,
keltainen harmaa kuin afrikan tähti,
liian kaukana kiinniotettavaksi.

Kuuu.
Huudan yötaivaalle sanani,
kylmän taivaan kelmeä katse.
Kuunteleeko kuu? Ihmettelen,
yötaivaan aarre.

Kuulikohan kuu toiveeni? Kysyn.
Keimailen kuulle,
mielessäni totinen haave,
varsinainen toiveeni,
on muu,
teeskentelen.

elokuu 2010

PERVERSIO

Sairas, seksistinen perversioni,
olet sinä.
Haluan lukea sarjakuvasi; himotuimman ja
katsotuimman
värisarjakuvan, mustavalkoisenakin käy.
Ratkon ilman vaatteita ongelmaasi.

Kahmin luusi suuhuni kihvelillä ja luudalla.
Huidon vihdalla.
Häivy! Suksi...??? Painu hittoon!

2017

DONNA JA MIES

Ritarinkiharat varjostavat kasvojasi,
heroiinia addiktiooni,
kaipaan taikaasi hengästyen.
Kuulen kuolevaisten ihmisten naurua.

Nainen syntyi miehen kylkiluusta.
Niin luen suuresta sanakirjasta, Zingarellista.

Donna on kylkiluu,
jota hän palvoo.

2016

IHO

On pimee huone ja siinä oot,
peitto korviin asti vedettynä,
paljas reitesi pilkistää peiton alta,
ihosi hohkaa, kuumotun ja jäykistyn.

Riisun vaatteeni ja sukellan sekaan,
kuiskaan hiljaisia sanoja.

2010

RUNOTYTTÖ

Katson silmiäsi, väärää silmää.
Olen ruma, haluan olla kaunis.
Kysyn peililtäni "ken on maassa kauhehin?".
Kuuntelen kauneimman vastauksen,
ja mielestäni oikean.

Ruma ja kaunis vaativat osinkoa.
Annan yhtä, saan toista.
Huomaan olevani rumista rumin ja kauneista kaunein.
Hyvyys ja kauneus ovat toisarvoinen käsitepari.
Hyvä ja ruma riippuvat katsojasta.

Tuntematon ihminen arvostaa sanojani, herättävät
tunteita.
Kaikki amerikkalaiset rakkaustarinat kertovat, miten
kaunista on rakkaus.
Mistä tulen? Kuka olen?
Hakkaan päätäni seinään. Kysyn, kuka sen teki.

En ole puuhun hirttäytyvä nainen,
en ole hän. Olen ehkä kylmäsydäminen,
vitutukseni, turhautumiseni ja sekoamiseni vuoksi.

Katson tähtiä, en toivo.
Kallistuneet jyrkkänä seinämänä kuivaan
kurkkuyskään.

Huonot tarinat ovat kuin reikiä päässäni, konekiväärin
tulesta.
Itken ja odotan, milloin kohtaan sietokykyni rajat.
Tylsät tarinat tuntevat ja tuntuvat, ovat loputtomia.
Haluan hukuttautua. Väistän onnellisia sivupolkuja.
Kuljen yksinäisellä tiellä Toivomuspuuhun.

2016

FOSSIILIRAKKAUS

Unohdan luuydinsiirtoni.
Pelkään muistin menetystä.
Eläytyminen miehiin vituttaa.
Rakastamisen tarpeet ja isän ja äidin puute pahenevat.

En luota kehenkään.
Pyyhin suruni haisevalla rätillä.

Käyn joka ilta kantabaareissa ja ryyppään miesten
kanssa.
Viina ja baarit on in.

Aloitan kusettamisen puhtaalta pöydältä.
Olen tyhjä ja turhautunut.

2016

AMNESIA

Kuuton yö, täydentymätön haave,
huutaa kuin hullu aave. Jännitys väreilee tarinoissani
ja hurjissa unissani. Kauhu ja iljetys sekoittavat
tyynen olotilani. Haavoittunut sydämeni ohittaa
tunteeni, kiduttaa rumiistani.

Liha jäätyy maahan, revityt vaatekappaleet
veren tahrimia. Ruhjotut luut lojuvat roudassa.
Kuopan reunalla toivottoman miehen mietteet
välähtävät.
Käyn aavemaisella portilla.

marraskuu 2016

TEHTY ORGASMI

Puhutaan kemioista.
Tuijotetaan viivaa, punnitaan.
Licking and sucking it.
Annetaan tuhat orgasmia.
Sidotaan kädet keinotaivaaseen.

2016

KUOLLUT

Taivas katoaa. Olen kuollut, ruumiini toteaa.
Ryömin ovelle, ohitan hetkeni.

Kylmän ruumiini tuoksu, nihkeän hikiset
jäseneni ympärilläni – ruumistanssini.

Hengitän. Miltä aivoni maistuvat?
Poimin aivohedelmiä nälissäni. Herkuttelen lihallani.
Rouskutan luisia sormiani. Jätän huomiselle.

Ikioma ruumiini, jäsenet kutsuvat hyvästelemään.
Riemuitsen jälleennäkemistä. Kosketus
viipyy mielessäni. Näkemiin!

2016

POTENTIAALISEN KYVYKÄS MIES

Irvokkaita unelmia;
Joku tahtoo nussia kuollutta ruumista,
joku silittää sen hiuksia,
joku haluaa syödä sen aivoja.
Yksin ja yhdessä ainiaan.
Tapa se jo!

2016

KESKIAIKAINEN RANSKALAINEN LOVESTOORI

Kuolon tuli, sataa tuhkaa.
Kaatuneet päät ja ruumiit lojuvat kylätiellä.

En tiedä, kuka minua odottaa. Sinä tiedät, katseesi
kertoo.
Olemme hiljaa...
Nautin kuumentamaasi viiniä ja kylkipaloja.
Olen vieressäsi pöydän ääressä, katson sinua.
–   Sinua jahdataan, murahdat.
–   Niin, kuiskaan.

Katseeni uupuu, silmäluomeni viiruina.
Tiedän, haluat tappaa minut.

Haluan pakopaikkaan, turvalliseen satamaan,
jota ei ole olemassa, en minäkään.
Minut on kumitettu.

elokuu 2016

RAKASTAA EI RAKASTA

Katosin sumutihkuun,
etkä löytänyt minua ikuna.
Itkin sitä,
mutta toivun sikarin kera.
Rakastaa, ei rakasta !
Unohtaa, unohdin jo!

2016

KUSETUS

Itken rakkauden puutettani,
kusetus on iloni,
päivänsäteeni, pyhimyksen sädekehäni pääni
yläpuolella.

En lausu "levolle laske luojani",
madonnatkin itkevät tekokyyneleitään.
Näytelmä jatkuu tuskaiseen huutoon...

2017

KADOTETTU

Pidän kädestäsi kiinni. En muuta mitään.
Itsetyydytän, olen exhibitionisti.
Näyttelen romanttista rakkautta, ja
kadonneen sydämen metsästäjää.

Hopealautasella,
sykkivä ja raivokas sydämesi.
Vien kidassani palasen ja ruman
menneisyyden.

Kuuntelen, istun vieressäsi. Tulen taloosi
jazzin soidessa. Aistin valkoisen kohinan.
Olemme liian kännissä...

2016

PELKOTILA

Näen kukkien kasvavan. Autiomaan kukat
odottavat pisaraa. Ihoni on haavoilla.
Kipu kirvelee ja turruttaa. Jalkapohjani ovat
vereslihalla.

Näen pysäköidyn valkoisen auton, vaistoan
kellonlyönnit,
holtittoman mielen. Auto seuraa huomaamattomasti,
ylitän tien, katson olan yli.

Olen varuillani. Yllättävä käänne.
Aistin uhon. Pakenen.

2016

SURU

Olen vuosisatoja vanha ja liikun
vanhan laulun tahdissa. Puhtaat pyykit heiluvat
narulla.
Muistan pyykin tuoksun, hakkaavan sykkeeni.

Painoni tuntuu raskaalta hopeoidulla vaa'alla.
Ompelen tilkkutäkin palasia yhteen.

Haukottelen ja mökötän, vatsanpohjassani asuu mörkö,
mökötys.

2017

VUORISTOTIE

Ajan autolla tietä ylös vuorelle.
Savannilla ja Amerikan aavikolla,
kaktuksen kukkia,
aloe veraa valuu säärelleni,
nuolet sen pois...

Haluan jäätä suuhuni, jäisiä suudelmiasi iholleni.
Pelkään, että katoan.

heinäkuu 2016

SARJAKUVAUNIA

Salattua tunnettani, jota rakastan enemmän kuin elävää kuuta..
Saat minut kiukkuun ja raivoon. Salaan tunneskaalani.
Lukitse sänkyyn!
Ja olen tyytyväinen, tuhisen vieressäsi, vaikka näen sarjakuvaunia::

2016

JUORUSEDÄT

Ilkeät juorusedät pitävät visvaisilla äänihuulillaan
juorukerhoja elossa.
Setien syyläiset kasvot, hampaattomat suut,
likakyntiset kädet puhuvat puolestaan,
kertoen juorujen sisällön.

En sano ääneen, etteivät he kuule naputtamaani tekstiä.
En keksi miten, en kysy lupaa löytääkseni keinon.
Vaatteineen päivineen,
tervaaminen on tulossa.

2016

JULMA NAINEN

Haluan miesten verisiä sydämiä,
sykkimään lautaselleni,
viimeisiä pokausrepliikkejään verisesti katumaan.
Valitsen, syönkö vai heitänkö menemään?

Lautasellani inisevät alistettuina.
Kerjäävät armopaloja.

Armosta hymyilen hieman. Kosketan muutamaa
sormenpäälläni.
Tökin "tök tök".
Sydänlihas painuu työnnöstä,
kuin naudanliha, siihen jää musta jälki.

En mieti enää, puraisen jokaista.
Mikä maku olisi paras?

Nam. Jätän ne lautaselle,
odottamaan paluutani tai mätänemistään.

Kesä 2017

Paha naiskuva.

ELVIIRAN UNI

Elviiralla viiraa päässä.
Kipee, pipi.
Liian pitkään jonkun unelma.
Liian monen mutkan ja tyypin yhteensattuma.
Pelkästäänkö pomppulinna?

Kierteessä, kuuman ringin keskellä,
ketään näkemättä.

Missä on Elviiran unelma?
Jos se on näkymätön,
huvilinna.

2017

Paha naiskuva.

TYRNIMARJAT SEKAISIN

Tyrnimarjat ovat arsenikkini.
Haluan säilöä veljeni purkkiini.
Myrkytän hänen sielunsa.
Vaadin veroa.

Olen kateus, hyvyys ja karseus,
karmani itkee.

Kiva, että joku näkee elämäni ulkopuolelta.
Jäädyn ja näen tunteideni kuoleman.
Filmaan, ettet näe suruani.
Halvaannun paniikkihäiriöstäni.

2016

KAIVERRETTU RAKKAUSRUNO

Kaiverran rakkauteni pöytään kiinni.
Jos en osta sinulle sormusta, korvaan sen.
Runossani on yksi merkki, sydän. Kuvittelen ottavani
sinua kädestä kiinni ja vieväni sinut polulle.
Astut kainalossani pimeään metsään. Ruuvimeisselillä
piirrän runosydäntäni tiskipöytään, metallin riipivä
ääni.

Muistutan sinua unessani; kun sinua itkettää, olen
pahoista pahin narsisti.
Uhkailen, juon itseni kipeäksi, pröystäilen rumalla
käytökselläni.
Annan anteeksi sinulle, en osaa olla ihminen. Petyn,
katkeroidun, ja vaikeroinkin,
joudun kerjäämään armoasi.

Tulen kotiimme, avaan vessan oven. Hahmosi nojaa
kaakeliseinään.
Huomaan siron kätesi, sekä valtimostasi pulppuavan
punaisen noron.
Vapisen ja kiroilen tyhmyyttäni.
—   - Odotan sinua jossakin, kuiskaat äänettömästi.
Sivelen lämmintä ihoasi. Siirrän energiaani
velttonevaan kehoosi. Pysyn etäällä
kuiskailustasi, koska minua alkaa pelottaa.

2017

Runo II

Testaan teoriaani   rakkaudesta
        Ratkaisen   ongelmani
Kävelen   edestakaisin/eilisen turhautunut
      olo Parempaa   tarinaa   kaikesta

PIENI LOHIKÄÄRME

Pieni lohikäärme puhuu mahassani.
Se syntyi eilen, lieskojaan
nieleskellen, suomut vereslihalla.
Kysyin siltä, että
--Missä asut?
Se ei vastannut heti.
Pudisti vaan päätään.
--Riippuu, ketä etsit?
Pieni lohikäärme vastasi lopulta.

elokuu 2016

FUTURISTI

Pidätkö futuristisesta ajattelutavasta
ja minua kädestä kiinni?
Kun putoan puusta hengettömänä syliisi
narun katkaistuasi.
Veitsesi leikkaa narun poikki.
Pitelet sitä ja toivot viimeistä edellistä
hengenvetoani.
Jos haluan eutanasian viimeisenä
toivomuksenani, itkisitkö ja pitäisit
kädestäni kiinni.
Viimeisellä matkallani puhuisin sieluni
rippeiden reunoilla, josta
putosin tyhjyyteen.
Ajattomuuteen.

elokuu 2016

LEPPOISAT

Leppoisen lempeät säkeet,
tuudittavat uneen.
Yhdyn uniraitoihin, kuviin
ja mielikuviin, sikeisiin untuviin,
höyheniin ja kutituksiin.
Herään suloisesti ja hellästi
kosketuksiin, vartalon muotoihin,
siveleviin käsiin,
kasvoihin ja pehmeisiin ihotuntumiin.

Pisamia, kitkaa,
unettomien ajatusten virtaa.
Tajuan vain kuudennessa aistissa,
voin herätä huipulta,
saada orgasminkin.
No stress, just iLove.

elokuu 2016

SAUNASSA: PETOLLINEN KATSE

Viilensit minut saunassa kaatamalla siideriä selkääni.
--Miksi teit noin? Kysyin hämmästyneenä.
Katsoit minua ja vastasit:
– Nyt maistut vielä herkullisemmalta...
Kylmä, suuteleva suusi,
liukkaalla vartalollani

2016

SYLI

Ihmisvartalot sylikkäin,
kuun katse valvoo niitä,
pieni pilvi lipuu ohi,
varjoihin.

Rakkaus on kuumeinen olotilani.
Kiilun sysipimeydessä.
Takerrun jalkaasi, leikin pientä lasta,
karkaisi, katoa ja tuule pois,
jää näkymättömäksi.
Pimeässä en näe.

Ajatukseni, kauneuteni, lempeyteni,
muuttuvat suruksi.
Itken ja painajaiset poistuvat.

Kosketuspintani herkkä makuaisti,
kovettaa sisintäni.
Pelastaa äärettömäksi
paisuneen sietokykyni.
Tyydyttämätön kuin sorapelto,
satuttava, riitaisa, päättymätön.
Leijun taivaankannella.
Zoomaan tylsää kaavamaisuutta,
kapeaa nyanssien skaalaa, orjuuttavaa,
arkista maailmankaikkeutta.

toukokuu 2017

KUU KUU KUU

Kuu kuu kuu
Yö yö yö
Pimeys pimeys pimeys
Sydän sydän sydän
Lyö lyö lyö
Kivi kivi kivi
Vanno vanno vanno
Vala vala vala
Avain! Piilota povesi piiloon!
Miksi miksi miksi
Näkömuisti pätkii
Valo valo valo
Tunnelin alitus
Kato kato kato
Ruhje ruhje ruhje
Kasvoissasi loinen
Käärme käärme käärme
Paratiisi paratiisi paratiisi
Huojuu huojuu
Melkein kaatuu
Elossa elossa
Syö syö
Niin löi äiti

Työ
Syö
Mieli
Kieli
Tön tön
Mieletön
Kieletön
Huuhaa
Hommaa puuhaa
Tuunaa
Suusi
Susi
Sus
su
s
i

kevätjää 2017

KAHDESTAAN

Epäilyn koura tyydyttää mustasukkaisia himoja. Tulipunainen, salaperäisenä hehkuva sydämeni. Armoton vailla kauneutta. Vihaan. Nautin vallastani. Ihmissuhteet pilaavat mielialani. Nielaisen sydänpaloja. Sukellan niiden sekaan.

Tunnelin kivijärkäleet ylläni kuin hiekkaveistoksia. Erämaa kuivuu, minä kuivan. Jyvät narskuvat hampaissani.

2017

SAUNASSA: NÄLKÄ

– Voikun olisit marsipaania, niin maistuisit hyvältä ja voisin samalla syödä naamaasi.

– Höh, sittenhän musta ei jäisi mitään jäljelle! Söisit minut kokonaan!

joskus 2016

BAMBU

Vesi lattialla, bambukatosta tippuvia pisaroita.
Bambi pyrähtää ohitseni. Herään märkä tassu otsallani.
Kuumien tunteideni kärventämänä töhrään puhtaan
tyynyliinani.
Peilikuvani näkee itsereflektion tuomat rypyt.

Maahiset höräävät. Opin kielen ja metsän voiman. Sade
rummuttaa särkynyttä ikkunalasia vasten. En päästä
sinua luokseni, maahinen.

Maan pinnan alla juurakot kuten minäkin olen
symbioosissa.
Ruokin maatani ajatuksin. Puen metsän mekon,
sammalrihmaston vartaloni ympärille. Kupliva suoliete
houkuttelee imuunsa, lohdutuksekseen.

2017

TUNTEIDENI HIDAS LOPPU

Puhun mitä vaan. Kipeät tunteeni kaivat ranteeseeni
falloksesi takia.
Rakkautesi odotuttaa kuin kuolema.
Silti kaipaat, olet leveä tie, lyhytpinnainen, kysymys
vielä.
Kysyn – kuinka kauan sinua odotan?

Vainajatkin odottavat vastaustasi. Olen kostea
sammaleen peittämä patsas.

Olet ruma ja minä olen kaunis.

2017

HELSINGIN BITCHIT (ohjekirja nuorille miehille bitchien valloitukseen)

Keitä ne on ja mitä niistä puhutaan?
Kuka niitä himoaa? Mutta eri asia, kuka niitä saa
todellakin panna.
Reiteen koskea ja hameen alle kättä tunkea.
Siitä moni haaveilee, kun kadulla kävelee,
niiden baarien ohi, jossa ne käy, juo ja polttaa tupakkaa.
Hänen pitää olla vähintäänkin katu-uskottava ja heittää
jotain läppää.
Ja se ei oo helppoo välttämättä, ellet tajuu sitä historiaa.
Tarinaa sen takana.

Narttuja ne kaikki on, huutaa ja kiroilee, vittu on niiden
joka toinen sana.
Eikä ole ihan sama, ketä niistä panet, vaan kuka sut
ottaa himaansa sieltä baarista ja antaa luvan koskee
ihan sinne asti.
Sydämeensä ne ei ota ihan mitä tahansa nuolia,
varoakin saa niiden bitchien rajua otetta.

Julmia huoria, mitä et tiedä, ota selvää. Voi olla, ettet
selviä hengissä siitä taistelusta, joka sua sen hameen
alla odottaa.

2010

Tämä on lähiörunoni..

61

RAKKAUS ON HENTO OTE

Rakkaus on hento mutta sillä on tiukka ote. Toisinaan se lähtee liitoon sydänparvien saattamana. Haihtuen ilmaan jossain taivaiden rajamailla, jossa puut yhtyvät pilviin.

Takaisin todellisuuteen avautuu portti, joka tosin piiloutuu tavallisilta katseilta. Rohkenee jos toinenkin epäilee. Tai niin ainakin luulee jos ei sanoja kuule.

2016

TÄHDENLENTO

Näin äsken tähdenlennon,
pyrähdyksen vain,
melkoinen milkyway,
planeetat ja kuut vieressä.

Runo III

Runo käytävässä, kaikuu kysymys, käden hiertymät,
tavaroita rapussa, siistissä rivissä, sotilaat valmiina
oven käytyä

Hissi alas, ylös
sivuutin monia ovia, väsyin
paino selässä, kutinaa

LUMIHIUTALE

Lumihiutale,
kiteytyneenä ikkunaani
Olit ajatus,
kyynel silmäkulmassani,

Olin yksin,
pää tyhjänä,
polulla
Murtunut kaide,
josta pidit kiinni,
tikkuina.

Kasvosi piirtyvät minuutissa
verkkokalvoille,
muistavat pienet kätesi,
haavoittuneen sydämesi,
jos se eli vielä.

2016

LEPPEÄSSÄ TUULENVIREESSÄ

Tuuli ja aurinko,
juovun katseestasi,
syövyt kuvana mieleeni,
painut ihoni muistiin,
kosketus ja huulesi huulilla,
tunteeni räjähtävät.

2016

LUMME

Olet lumme sylissäni,
häpeämätön kosketus,
magneetin lailla herkät kurvisi
vangitsevat huomioni,
vailla huomista kutsun tanssiin,
vai onko tanssikorttisi täynnä?

Seinäruusu on muusa,
huudat kuin radiotoosa,
kieli etsii luottamusta,
tuskan tuottamattomuutta,
maanisdepressiivisyys kohoaa yli puiden,
laskeudun osissa maankamaralle,
tukeudun maankuoreen.

Tanssimme loputtua
nojaudun hetkeksi mekkoasi vasten
kuiskaan,
"älä pudota kenkääsi tänään?"
en koskaan ole nähnyt tätä naista
mystistä ihanaa taulua.

2017

MIESTENNIELIJÄ

Syön vain joka toisen uroksen.
Silitän hieman päätä ensin.
Mittaan rintakehän leveyden.
Tunnustelen hartialinjaa.
Kosketan leukaperää.
Onpa kivanväriset silmät.
Sointuvat omiini.
Et ole täydellinen, mutta kelpaat.
Kelvollinen uros, yksilö
Vahva syke. On se elossa.

Lämmin syli, vahva ote,
houkutteleva ääni,
kohtuullinen ominaistuoksu.
Se on mies, analysoin
ennen kuin purskautan ylimääräiset
kippoon.
Ei viini, totean.

Maku: hyvä, täyteläinen, kirpeähkö,
jonkin verran makea.
Käytettävyys: toimii avattuna.
Tähtiluokitus: 3,9.
Ruokasuositus: kana ja liha
varsinkin tomaattikastikkeessa,
kaikki alkoholijuomat, miedot ok.
Lisukkeet: feta, sinihomejuusto, olut.
Muuta: kypsytetty hyvin tynnyrissä,
ei sheikattuna.

2017

PUSURUNO

Pussaan suutasi,
pusu aamulla ja iltapalana,
nukahdan pusuihisi,
aamukahvini on pususi,
poistaa päänsäryn.

Pusu

Pidän pusuhetkistä,
mannapuuroa ja mustikkakeittoa,
nautin pehmeästä mausta.

Halusit juoda vain mun mehua.

2017

KULTAISEN ROSKIKSEN SPUGET

Uugee spugeporrastreffeillä kiittää,
pullohuikka kiertää,
paras hurstin pulla kitalaessa kiinni,
pullohuikalla alas,
kurlaa, deneutralisoi kurkun ärhäkän pinnan,
kiusaa kehtaa kuikuilla ettei vaan yrjötä.

Samat läpät,
pullon suusta häpät,
snadit jeesaa,
pullonsilmän tuijottavat kiertää,
ylensyönnin ansat.

Litku tai neste ohikulkevan
karjun karkaisee,
parit bamlat päälle,
kiroaa spydää ympyrän keskelle.
Ei siin midist, toteaa,
sielt tuli mist tuli heitto päälle,
koht goisaa syyslehtien sekaan.

2017

Spugeruno.

URBAANI JOULU

Joulun pimeys valtaa kadut,
mieli maassa, kadunkansalla.
On synkkää kävellä,
routa on mustaa,
jäinen käsi pitelee hattua.

Kop kop korot kadulla,
kuuntelen raitiovaunun kolinaa,
vaappuu kiskoillaan.
Vastapäisen talon ikkunoissa on valoja.
Moikkailen niitä mielessäni.

Ollaan kerrostaloasunnossa,
nautitaan kodin lämmöstä,
seurasta ja urbaanista tunnelmasta.
Olipa kerran talvipäiväntasaus...

Tuli vihdoinkin ja johan venattiin.
Päivän päättyessä kuvittelen,
kuinka nautiskelisin auringosta.
Pimeässä loistavat tähdet ja kuut,
on uusi joulu!

Urbaani joulumaisuus,
suuni maistaa punaista ja hehkuvaa,
karvasta, makeaa.

Yllätys paljastuu, juju kepponen,
kääriydyn folioon,
paistattelen ja päivittelen,
aistin joulun haamut,
nurkissa synkkiä saloja.

Joulumaisuus on hehkuva kekäleeni,
poltan piipputupakkaa,
haihtuu savukiehkuroina huoneilmassa.
Pimeä iskee kalseasti luihini.

Jostain huopa etsiytyy hartioilleni,
poskeni punottavat.

Mira Mink: esitetty slangirauhan julistuksessa
23.12.2016.

MUSTIKKA

Mustikan varpu
kutittaa nenänpäätä
sininen tuli

Musta kuutaivas
yllä metsän latvuston
hirttää, tunteen syö

2017

Mira Mink: Opin haikuja, kun näin yhden pojan
kadulla.

RUNORIIVAUS

Runon riivaama,
syö iltapaloiksi,
unensa.

En saa unta,
pelkkää itsetuhoa,
tuijotan marginaaleja,
pieniä tarkkoja ruudukkoja.

Mielenrauhani syöpyy ruosteeksi,
runo riivaa mieltäni,
ainiaan.

Haluan runostani ulkomaailmaan,
otan happea.
Runoni ei päästä minua,
sade huuhtoo kaikki paperini,
täynnä runojani.

Kostuneet paperit
kadulla,
runo on huono kohtaloni.

Tyhjä sieluni on
paperilla,
olen täydellinen, kuollut,
runoton raajaton sieluton.

Runo ei armahda ketään,
varsinkaan editoituna,
syynättynä tarkkailtuna,
etäältä ja kaukaa.
Se hyökkää kimppuuni,
runo runo runo.

Läähätän henkihieverissä,
kunnes muistan kuka runo on,
runokaverini tietenkin!

syyskuu 2017

SÖPÖ SKITSOFRENIA

Leijuu yläilmoihin,
kuten bensaan kastetut halot,
yltyvät liekkeihin.

Traumaa joka puolella,
söpö skitsofrenia,
en skitsaa mitään.

Kaikki ajatukseni haihtuvat,
tunkkaiseen savuun,
skitsoan skitsoan.

Skitsofrenisoin
söpösti kevyesti,
leijailen pilvissä.
Skitsofrenisissa virkkeissäni,
ei ole järkeä,
eikä pitäisi ollakaan.

Olen söpö skitso,
itsekäs oman mielenrauhani jumala,
lisää skitsofreniaa, kiitos!

syyskuu 2017

TOWN – PELKKÄ CITY VAAN

Kun tumma oli yö,
tuliset ratsastajat saapuivat
Towniin kapakkaan,
Syttyi tupakka
ahavoituneet kasvot,
karskit piirteet.

Seikkailuja odottivat,
naisia vai
paikallisia huoria,
kummillakin irstaita tarkoitusperiä,
leidejä sekä porttoja.

Se ja sama,
miehet rakastivat eniten ratsujaan,
pyssyleikkejä, rahasaaliita...
Yksi muu lähtisi pankkiryöstöön,
tosin vasta
parin viskipullollisen jälkeen.

Vanha ratsu oli väsynyt,
ei jaksanut mitään,
ei kukaan muukaan.

Muukalaiset tapettiin,
newcomersilaiset haudattiin
tunkion multaan,
ei armoa tuntenut kukaan.

Siellä missä,
preerialla varsinkin,
olosuhteet olivat ankarat ja kuivat.
Siellä missä,
korppikotkat lentelivät raatojen luona,
käden oli oltava nopea.

elokuu 2016

Tämä ei ole lähiöruno, mutta liittyy katurunoiluun.

Cowboy-runo.

NUORET MIEHET

Nuoret miehet neitsyysmatkalla,
miljoona juttuu, säätöö ja ihan pihalla,
kukkaa jos ei oo,
ei hyvä mut joo panin tota muijaa

Rakastan sua,
ainakin kännissä ja jatkoilla,
en ilman säätöö pysy kartalla,
enkä tosiaankaan soita mutsille tänään.

Fck im broke,
ei oo mania, bitchejä, enkä voi muutakaan,
kun homostella frendiseurassa,
oot out ja joo joo joo
Who cares?
En kelaa kaikkee vielä loppuun,
ei sen puolesta ettei suututtais

Oon jo siinä pisteessä,
ettei todellakaan huvittais,
ainakaan jaagaa panoja,
mut mun pakko tehdä sitäkin.

Nyt loppu jutut!
Mut hyvä on,
en saa suuttuu ku sekään ei mua vituta,
ei millonkaan eikä ikinä.

toukokuu 2016

Lähiöruno.

UNOHDETUT UNELMAT

Kun olen tässä ja katson sua,
tietenkään voi rakastaa mua.
Kun ja jos olet joskus mun,
rakastan ja haluan sua,
mutta silloin, koska liian varhain
on jo silloin.
Näemme ja koemme
emme enää koe samoin.

Kun olen luonasi,
nukun, unelmoin ja rakastan ääntäsi.
Kuka tekee unelmani todeksi? Kysyn,
etkä vastaa heti.
Olemme luvanneet toisillemme sen.

Kirjoitan, elän ja tunnen,
runoni juoni tulvii yli laitojen.
Ihmettelen, mutta en odota,
lisää kirjoitan ja putoan maantasalle.

Et nähnyt ketä katsoin,
et tiennyt keitä olimme.
En minäkään, ei tarvinnut,
heräsin ihanaan aamuun.
Et tiennyt ketä tähdätä,
puhuimme runoista,
joita rakastan.

Vain me kaksin.
Ihminen voi olla yksin,
rakastaessaan runoja.
Emme huomaa tähtiä taivaalla.

Huomasin kerran silmät avatessani,
näin sinut pimeässä herrojen huoneessa,
viittaus historiaan.

Puhun, olen välittämättä,
ympärillämme yhteiskunta, olohuone.
Jos kaipaan takaisin,
olen helvetissä.

Tule jo,
käsi kädessä kävelemme bulevardilla,
unelmat on käytetty kerran,
ilman paluulentoja.

Todellisuus iskee vasten kasvoja,
pelkään, en ole minä.
On pakko olla joku, minä.
Kirjoitan.

Sääliä kaikki sen perässä, sinäkin.
Tietää ja kunnioittaa,
ihminen ihmisestä, kaikki sanovat ja
unohtavat.
Unohdus ei ole exodus,
en halua paratiisiin, armias autuus.
Paikka on jylhä, kolkko.

Puut, kasvit ja kukat kasvavat
silmiesi tähdenlennon.
Silmäsi ovat, haluan upota sieluusi,
sielusi peiliin, tunteidesi heijastukseen.
Valoasi en siedä tuijottaa,
en uskalla katsoa peilikuvaani.
Säikähdän, vajoan maan alle.

Kaivan monttua ja kuoppaa,
kutsun sinut hautajaisiini ennen kuolemaa,
soittamattomien sielujen sinfoniaan.
En tiedä missä olen, kun kuolen.
Lopetan.

Tuhkista sielut siirtyvät ikitasoille.
Ei, en halua odottaa tulevaa.
Elää hyvin. Elävät ja kuolleet.

Olotilani on unohduksen avaruus.

huhtikuu 2016, 18.11..2017

Mira Mink (s.1982)

On helsinkiläinen runoilijatar ja opettaja (FM). Runot ovat elämää, jota voi tulkita sanoin. Niiden takana on tarina. Runoilija inspiroituu mielikuvista, tunnelmasta ja ihmisistä. Rakkaus, suru ja ihmissuhteet synnyttävät runoja, puhumattakaan katurunoilusta ja mieshuumorista.

Sisällysluettelo